Die allerbesten Weihnachtsplätzchen

INHALT

EINLEITUNG

- Plätzchen wie von Zauberhand 4
- Plätzchen aufbewahren 5
- Zubereitung von Plätzchenteig 5

REZEPTE

- Buttermilchplätzchen 6
- Prager Plätzchen 8
- Blätterteigplätzchen 10
- Nougat-Marzipan-Plätzchen 12
- Schokoladenplätzchen mit Walnusskernen 14
- Spekulatius 16
- Bunte Butterplätzchen 18
- Früchteplätzchen 20
- Orangenplätzchen 22
- Pistazienkekse 24
- Geleeplätzchen 26
- Haselnuss-Schokoladen-Plätzchen 28
- Mürbeteigpätzchen mit Quittenfüllung 30
- Lebkuchenplätzchen mit Zitronenguss 32
- Mandelkekse 34
- Beschwipste Plätzchen 36
- Nussrauten 38
- Zimtkekse 40

- Haferflockenplätzchen 42
- Vanillekipferl 44
- Kokosmarkonen 46
- Rumplätzchen 48
- Florentiner 50
- Bethmännchen 52
- Spritzgebäck 54
- Mürbebrezeln 56
- Schokoladenmarkonen 58
- Schwarz-Weiß-Gebäck 60
- Nusstaler 62
- Glühweinschnitten 64
- Cookies 66
- Pfeffernüsse 68
- Honigkuchen 70
- Brownies 72
- Nougattaler 74
- Haselnussbrot 76

EINLEITUNG

PLÄTZCHEN WIE VON ZAUBERHAND

Ende November beginnen die Vorweihnachtstage, und zu einer stimmungsvollen und schönen Advents- und Weihnachtszeit gehören Plätzchen einfach dazu.

Der Duft von Zimt, Nelken und anderen Zutaten zieht durchs Haus und versetzt uns in Vorfreude auf die kommenden Festtage.

Unter den hier vorgestellten Rezepten ist für jeden etwas dabei. Die im ersten Teil dieses Buches beschriebenen Weihnachtsplätzchen können mit Ausstechformen hergestellt werden.

Im Anschluss finden Sie Rezepte für weitere Plätzchenklassiker, die auf dem Weihnachtsteller nicht fehlen dürfen.

Backen Sie reichlich – Sie werden feststellen, dass eine einfache Zubereitung und tolle Backkreationen einander nicht ausschließen!

PLÄTZCHEN AUFBEWAHREN

Am besten halten sich die Plätzchen, indem man sie lagenweise in Blechdosen verpackt. Zwischen die Lagen immer Butterbrot- oder Backpapier legen, damit die Plätzchen flach liegen und nicht zerbrechen. Stark gewürzte Plätzchen (Zimt, Nelken etc.) nicht mit anderem Gebäck in eine Dose legen, da sie ihr Aroma auf die anderen übertragen können.

Die Plätzchen mit Glasur (Schokolade etc.) vor dem Verpacken immer erst gut trocknen lassen.

In einer gut geschlossenen Dose halten sich die Plätzchen bis zu 4 Wochen. Lebkuchenplätzchen, die nach dem Backen ganz hart sind, sollten 1 – 2 Tage offen an der Luft liegen bleiben. Sie nehmen dadurch Luftfeuchtigkeit auf und werden wieder etwas weicher. Auch Lebkuchenplätzchen müssen in Blechdosen verpackt werden. Legen Sie einige Apfelschnitze dazu, dann bleiben sie länger weich und saftig.

ZUBEREITUNG VON PLÄTZCHENTEIG

Einen Mürbeteig können Sie selbstverständlich mit Ihrem Handmixgerät herstellen. Besser gelingt dieser Teig jedoch, wenn Sie ihn mit den Händen verkneten. Dazu das Mehl auf die Arbeitsfläche sieben, in die Mitte eine Mulde drücken, das Ei bzw. Eier hineingeben, Butter als Flocken auf den Mehlrand setzten, die übrigen Zutaten dazugeben. Alles rasch mit den Händen zu einem glatten Teig kneten. Den Teig zu einer Kugel formen, in Klarsichtfolie wickeln und im Kühlschrank ruhen lassen. Wie lange, entnehmen sie dem jeweiligen Rezept. Den Teig vor der Weiterverarbeitung nochmals kräftig mit den Händen durchkneten.

Möchten Sie mehr als 34 Plätzchen erhalten, nehmen Sie einfach die doppelte Menge an Zutaten.

Was die Glasuren auf den folgenden Rezeptseiten betrifft, sind Ihrer Fantasie natürlich keine Grenzen gesetzt. Sie können die Verzierungen nach Belieben variieren – oder auch weglassen.

Viel Spaß beim Backen!

BUTTERMILCHPLÄTZCHEN

ZUBEREITUNGSZEIT:
20 Minuten
(ohne Ruhezeit für den Teig)

- 350 g Mehl
- 500 g flüssige Butter
- 9 EL Buttermilch
- 2 Eigelb
- 150 g Hagelzucker

- Aus Mehl, Butter und Buttermilch mit den Händen einen Teig kneten und diesen zugedeckt 1 Stunde im Kühlschrank ruhen lassen.
- Den Teig auf einer bemehlten Arbeitsplatte ca. 1/2 cm dick ausrollen, mit der Plätzchenstanzform ausstechen und die Plätzchen auf ein mit Backpapier ausgelegtes Backblech legen.
- Eigelb mit 2 EL Wasser verquirlen. Die Plätzchen mit Eigelb bestreichen und mit dem Hagelzucker bestreuen.
- Die Plätzchen bei 175 °C ca. 10 Minuten backen.

PRAGER PLÄTZCHEN

ZUBEREITUNGSZEIT:
20 Minuten
(ohne Ruhezeit für den Teig)

- 250 g Butter
- 3 Eigelb
- 3 EL Zucker
- 275 g Mehl
- 1 Eiweiß
- 125 g gesiebter Puderzucker
- 1 Pack. Vanillezucker
- 2 EL gehobelte Mandeln
- 1 EL kleine Rosinen oder Korinthen

- Die Butter mit Eigelb und Zucker verrühren und mit dem Mehl verkneten.
- Den Teig zu einer Kugel formen, mit Klarsichtfolie abdecken und im Kühlschrank 1 Stunde ruhen lassen.
- Den Teig auf der bemehlten Arbeitsfläche dünn ausrollen, Plätzchen ausstechen und auf ein mit Backpapier belegtes Blech legen.
- Für den Belag das Eiweiß in eine Schüssel geben und mit Puder- und Vanillezucker verrühren. Die Masse auf die Plätzchen streichen und mit gehobelten Mandeln, Rosinen oder Korinthen bestreuen.
- Im vorgeheizten Backofen bei 160 °C ca. 10 Minuten backen.

BLÄTTERTEIGPLÄTZCHEN

ZUBEREITUNGSZEIT:

40 Minuten
(ohne Ruhezeit für den Blätterteig)

- 1 Pack. Blätterteig (250 g, TK)
- 1 Eigelb
- 1 EL Milch
- 4 EL Aprikosenkonfitüre
- 2 EL Zitronensaft
- 1 EL gemahlene Mandeln
- 2 EL Hagelzucker

• Den Blätterteig auftauen lassen.

• Den Teig auf einer bemehlten Arbeitsfläche ausrollen, Plätzchen ausstechen und auf ein mit Backpapier ausgelegtes Backblech legen.

• Das Eigelb mit der Milch verrühren und die Plätzchen damit bestreichen.

• Im vorgeheizten Backofen bei 180 °C ca. 15 Minuten goldbraun backen.

• In der Zwischenzeit die Aprikosenkonfitüre erhitzen und mit dem Zitronensaft und den gemahlenen Mandeln vermischen. Die noch heißen Plätzchen damit bestreichen. Abschließend den Hagelzucker darüber streuen.

NOUGAT-MARZIPAN-PLÄTZCHEN

ZUBEREITUNGSZEIT:

50 Minuten
(ohne Ruhezeit für den Teig)

- 275 g Mehl
- 150 g Zucker
- 1 Pack. Vanillezucker
- 2 Eigelb
- 175 g kalte Butter
- 400 g Marzipan-Rohmasse
- 2–3 Eiweiß
- 250 g Nougatmasse

• Das Mehl auf die Tischplatte sieben. In die Mitte eine Mulde drücken und Zucker, Vanillezucker und Eigelb hineingeben.

• Die Butter in Stücke schneiden, auf den Mehlrand setzen und mit den Händen rasch zu einem glatten Teig verarbeiten.

• Den Teig zu einer Kugel formen und in Klarsichtfolie für 2 Stunden im Kühlschrank ruhen lassen.

• Den Teig auf einer mit Mehl bestreuten Arbeitsplatte ausrollen, Plätzchen ausstechen und auf ein mit Backpapier ausgelegtes Backblech legen.

• Aus Marzipan, Eiweiß und Wasser eine geschmeidige Masse herstellen. Diese Masse in einen Spritzbeutel geben und als Kranz auf die Plätzchen spritzen.

• Bei 180 °C ca. 10 Minuten backen.

• Die Nougatmasse im Wasserbad schmelzen und mit einem Teelöffel in die Mitte der Marzipankränze einlaufen lassen. Die Nougatmasse vor dem Verzehr vollständig fest werden lassen.

SCHOKOLADENPLÄTZCHEN MIT WALNUSSKERNEN

ZUBEREITUNGSZEIT:
40 Minuten
(ohne Ruhezeit für den Teig)

- 250 g Mehl
- 1/2 TL Backpulver
- 125 g Zucker
- 1 Ei
- 125 g weiche Butter
- 2 EL Milch
- 60 g gemahlene Walnusskerne
- 60 g gemahlene Mandeln
- 60 g klein geschnittene Rosinen
- 100 g Zartbitterschokoladen-Raspel
- 100 g Puderzucker
- 150 g Walnusskerne

- Das Mehl mit Backpulver mischen und in eine Rührschüssel sieben.
- Zucker, Ei, Butter und Milch hinzufügen und untermischen. Dann mit dem Knethaken des Handrührgerätes gut durchkneten.
- Walnusskerne, Mandeln, Rosinen und Schokoladen-Raspel unterarbeiten.
- Den Teig mit den Händen nochmals gut durchkneten, zu einer Kugel formen, mit Klarsichtfolie abdecken und 2 Stunden im Kühlschrank ruhen lassen.
- Auf der bemehlten Arbeitsfläche ausrollen und Plätzchen ausstechen. Die Plätzchen auf ein mit Backpapier belegtes Backblech legen und bei 180 °C ca. 8 bis10 Minuten backen.
- Den Puderzucker mit 2 EL Wasser glatt rühren. Auf die Plätzchen einen Klecks Guss geben und je eine Walnusshälfte auf ein Plätzchen andrücken.

SPEKULATIUS

ZUBEREITUNGSZEIT:
35 Minuten
(ohne Ruhezeit für den Teig)

- 1 Pack. Backpulver
- 500 g Mehl
- 250 g Zucker
- 2 Eier
- 250 g kalte Butter
- 100 g gemahlene Mandeln
- 50 g aufgelöster br. Rohrzucker
- 1 Pack. Vanillezucker
- 1 TL Zimt
- 2 Msp. Nelken und Kardamom
- 2 Msp. Muskatnusspulver
- 1 Msp. Koriander

• Das mit Backpulver gemischte Mehl auf die Arbeitsplatte sieben und in die Mitte eine Mulde drücken.

• In diese Mulde den Zucker und die Eier geben; die Butter in Stückchen auf dem Mehlrand verteilen. Das Ganze zu einem glatten Teig verarbeiten und jetzt alle restlichen Zutaten in den Teig einarbeiten. Den Teig zu einer Kugel formen, in Klarsichtfolie wickeln und für 2 Stunden im Kühlschrank ruhen lassen.

• Den Teig auf der bemehlten Arbeitsfläche messerrückendick ausrollen, die Plätzchen ausstechen und auf ein mit Backpapier ausgelegtes Backblech geben.

• Bei 150 °C ca. 15 Minuten goldbraun backen.

BUNTE BUTTERPLÄTZCHEN

ZUBEREITUNGSZEIT:
45 Minuten
(ohne Ruhezeit für den Teig)

- 250 g Mehl
- 125 g Puderzucker
- abger. Schale von 1/2 Zitrone
- 1 Ei
- 150 g kalte Butter
- 125 g Puderzucker
- 2–3 EL Zitronensaft
- Zuckerperlen

- Das Mehl mit Puderzucker und Zitronenschale auf die Arbeitsfläche häufen. Das Ei in die Mitte geben und die klein geschnittene Butter rundherum verteilen. Alles mit einem großen Messer durchhacken, dann mit den Händen zu einem festen Teig verkneten.
- Zu einer Kugel formen und in Klarsichtfolie gewickelt für mindestens 1 Stunde in den Kühlschrank stellen.
- Den Backofen auf 180 °C vorheizen. Ein Backblech mit Backpapier auslegen. Den Teig auf der bemehlten Arbeitsfläche etwa 3 mm dick ausrollen. Die Plätzchen ausstechen und auf das Backblech legen.
- Im Backofen ca. 10 Minuten goldgelb backen.
- Die Plätzchen auf ein Kuchengitter legen und gut abkühlen lassen.
- Für den Guss Puderzucker mit Zitronensaft glatt rühren. Die Plätzchen dünn mit der Glasur bestreichen und mit den verschiedenen Zuckerperlen nach Belieben verzieren.

FRÜCHTEPLÄTZCHEN

ZUBEREITUNGSZEIT:
25 Minuten
(ohne Ruhezeit für den Teig)

- 300 g Mehl
- 100 g Zucker
- 1 Pack. Vanillezucker
- 1 Prise Salz
- 200 g kalte Butter
- 1 Ei
- 1 EL Belegkirschen
- 1 EL Orangeat
- 1 EL Zitronat
- 1 Eigelb
- 2 EL Krokantstreusel

- Das Mehl sieben und mit Zucker, Vanillezucker und Salz auf die Arbeitsfläche häufen. Die klein geschnittene Butter darauf verteilen. In die Mitte eine Mulde drücken und das Ei hineingeben.
- Das Ganze mit den Händen zu einem geschmeidigen Teig verkneten. Die Belegkirschen mit Orangeat und Zitronat klein hacken und unter den Teig mischen. In Folie gewickelt 1 Stunde im Kühlschrank ruhen lassen.
- Das Backblech mit Backpapier belegen und den Backofen auf 160 °C vorheizen.
- Die Arbeitsfläche mit Mehl bestreuen, den Teig darauf etwa 5 mm dick ausrollen und die Plätzchen ausstechen. Die Plätzchen auf das Backblech legen und mit dem mit 1 bis 2 EL Wasser verquirlten Eigelb bestreichen. Die Krokantstreusel auf den Plätzchen verteilen.
- Im Backofen ca.12 bis 15 Minuten goldgelb backen.

ORANGENPLÄTZCHEN

ZUBEREITUNGSZEIT:
35 Minuten
(ohne Ruhezeit für den Teig)

- 300 g weiche Butter
- 150 g gesiebter Puderzucker
- 3 Eigelb
- 1 Msp. Vanillemark
- 1 TL abger. Orangenschale
- 2–3 Tropfen Orangenöl
- 300 g Mehl
- 100 g gesiebter Puderzucker
- 3 EL Orangenlikör

• Butter und Zucker mit dem Rührgerät schaumig rühren. Nach und nach das Eigelb zufügen und so lange rühren, bis eine cremige Masse entsteht.

• Vanillemark, Orangenschale und Orangenöl sowie esslöffelweise das Mehl unter den Teig arbeiten.

• Den Teig zu 2 Kugeln formen, in Folie wickeln und über Nacht im Kühlschrank ruhen lassen.

• Die Teigkugeln auf der bemehlten Arbeitsfläche ausrollen und die Plätzchen ausstechen.

• Im vorgeheizten Backofen bei 170 °C ca. 15 Minuten backen. Die Ränder der Plätzchen dürfen nur ganz leicht bräunen. Zum Auskühlen auf ein Küchengitter legen.

• Für die Glasur den Puderzucker mit dem Orangenlikör glatt rühren, bis ein zähflüssiger Guss entsteht. Die Plätzchen damit bestreichen.

PISTAZIENKEKSE

ZUBEREITUNGSZEIT:

35 Minuten
(ohne Ruhezeit für den Teig)

- 250 g Mehl
- 50 g gemahlene Mandeln
- 75 g Zucker
- 1 Pack. Vanillezucker
- 150 g Butter
- 2 Eigelb
- 1 TL Kardamompulver
- 75 g gemahlene Pistazienkerne
- 1 EL Puderzucker
- 2 EL gehobelte Pistazienkerne
- 2 EL Hagelzucker

• Mehl, Mandeln, Zucker, Vanillezucker, Butter, Eigelb, Kardamompulver und Pistazien mit den Händen rasch zu einem Teig kneten und abgedeckt für etwa 2 Stunden im Kühlschrank ruhen lassen.

• Den Teig auf einer mit Mehl bestäubten Arbeitsfläche ausrollen, Plätzchen ausstechen und auf ein mit Backpapier ausgelegtes Backblech legen.

• Im vorgeheizten Backofen bei 180 °C ca. 12 Minuten backen lassen.

• Zwischenzeitlich aus Puderzucker und etwas Wasser einen nicht zu festen Guss anrühren. Hagelzucker mit gehobelten Pistazienkernen in einem flachen Teller vermischen. Die noch warmen Plätzchen mit dem Zuckerguss bepinseln und sofort in das Zucker-Pistazienbett drücken.

GELEEPLÄTZCHEN

ZUBEREITUNGSZEIT:
40 Minuten
(ohne Ruhezeit für den Teig)

- 250 g Mehl
- 1 gestr. TL Backpulver
- 70 g Zucker
- 1 Ei
- 1 Prise Salz
- 125 g kalte Butter
- 150 g Johannisbeergelee
- Puderzucker

- Das Mehl mit dem Backpulver auf die Arbeitsfläche sieben. In die Mitte eine Mulde drücken und Zucker, Ei und Salz in diese Mulde geben. Die klein geschnittene Butter auf den Mehlrand setzen und alles mit den Händen rasch zu einem glatten Teig verkneten.
- Den Teig in Folie gewickelt 1 Stunde im Kühlschrank ruhen lassen.
- Den Teig teilen, die erste Hälfte auf der bemehlten Arbeitsfläche dünn ausrollen und die Plätzchen ausstechen.
- Die zweite Hälfte ebenfalls dünn ausrollen und mittig in die Plätzchen einen Kreis ausstechen; wer mag, sticht mit einem Fingerhut oder mit einem anderen runden Gegenstand einen kleinen Kreis aus.
- Die Plätzchen auf ein mit Backpapier ausgelegtes Backblech legen und im vorgeheizten Backofen bei 170 °C ca. 8 bis 10 Minuten backen. Abkühlen lassen.
- Zwischenzeitlich das Johannisbeergelee in einem Topf erwärmen und die Hälfte der Plätzchen damit bestreichen. Passende Paare bzw. Plätzchenformen mit Loch daraufsetzen und mit Puderzucker bestäuben.

HASELNUSS-SCHOKOLADEN-PLÄTZCHEN

ZUBEREITUNGSZEIT:
40 Minuten
(ohne Ruhezeit für den Teig)

- 250 g Puderzucker
- 120 g gemahlene Haselnüsse
- 120 g gemahlene Mandeln
- Mark von 1/2 Vanilleschote
- 1 Ei
- 1 Eigelb
- 150 g dunkle Kuvertüre
- 1 Msp. gemahlene Nelken
- 120 g Crème double (Zimmertemperatur)
- Puderzucker

- Den Puderzucker mit Haselnüssen, Mandeln und Vanillemark in einer Rührschüssel mischen. Ei und Eigelb zugeben und alles mit den Händen zu einem glatten Teig verkneten. In Folie wickeln und 30 Minuten kalt stellen.

- Den Teig auf einer mit etwas Puderzucker bestäubten Arbeitsfläche ca. 5 mm dünn ausrollen, die Plätzchen ausstechen und mit etwas Abstand auf ein mit Backpapier ausgelegtes Backblech legen.

- Im vorgeheizten Backofen bei 200 °C ca. 10 Minuten backen. Die Plätzchen herausnehmen und auf einem Kuchengitter abkühlen lassen.

- Die zerkleinerte Kuvertüre im Wasserbad schmelzen, Nelkenpulver darüber streuen, vom Wasserbad nehmen und die Crème double unterheben, bis alles eine gleichmäßige Färbung hat. Zu einer streichfähigen Masse abkühlen lassen.

- Mit einem Teelöffel auf die Hälfte der Plätzchen etwas Schokomasse geben und mit einem zweiten Plätzchen zusammensetzen. Trocknen lassen und mit Puderzucker bestäuben.

MÜRBETEIGPLÄTZCHEN MIT QUITTENFÜLLUNG

ZUBEREITUNGSZEIT:
25 Minuten
(ohne Ruhezeit für den Teig)

- 250 g Mehl
- 1 TL Backpulver
- 100 g Zucker
- 50 g gemahlene Mandeln
- 2 Msp. Kardamom
- 2 Msp. Nelkenpulver
- 1/2 TL Zimt 1 Ei
- 125 g kalte Butter
- 100 g Quittengelee
- Puderzucker

• Das Mehl mit Backpulver, Zucker, Mandeln und den Gewürzen gut mischen. Das Ei und die Butter in Stückchen geschnitten zufügen und schnell mit den Händen verkneten. Zu einer Kugel formen, in Klarsichtfolie wickeln und 30 Minuten im Kühlschrank ruhen lassen.

• Den Teig auf einer bemehlten Arbeitsfläche dünn ausrollen und die Plätzchen ausstechen. In die Hälfte der Plätzchen mittig einen Kreis ausstechen. Mit einem Fingerhut oder mit einem anderen runden Gegenstand einen kleinen Kreis ausstechen.

• Die Plätzchen auf ein mit Backpapier ausgelegtes Backblech legen und im vorgeheizten Backofen bei 175 °C ca. 10 Minuten backen. Auf ein Kuchengitter legen und auskühlen lassen.

• Das Quittengelee erwärmen. Die Hälfte Plätzchen mit Marmelade bestreichen, je ein passendes Plätzchen mit Loch daraufsetzen und dick mit Puderzucker bestäuben.

LEBKUCHENPLÄTZCHEN MIT ZITRONENGUSS

ZUBEREITUNGSZEIT:
25 Minuten
(ohne Ruhezeit für den Teig)

- 300 g Mehl
- 100 g Zucker
- 2 TL Lebkuchengewürz
- 1 TL Backpulver
- 2 EL Kakao
- 1 Ei
- 200 g kalte Butter
- 125 g Puderzucker
- 2–3 EL Zitronensaft

• Das Mehl auf die Arbeitsfläche sieben und mit Zucker, Lebkuchengewürz, Backpulver, Kakao, Ei und Butter vom Rand aus mit den Händen zu einem geschmeidigen Teig kneten. Zu einer Kugel formen und in Klarsichtfolie gewickelt für 2 Stunden im Kühlschrank ruhen lassen.

• Die Arbeitsfläche mit Mehl bestreuen, den Teig 1 cm dick ausrollen und mit der bemehlten Form die Plätzchen ausstechen.

• Den Backofen auf 180 °C vorheizen. Das Backblech mit Backpapier auslegen und die Plätzchen ca. 15 Minuten backen, bis sie knusprig sind.

• Mit einer Palette auf das Kuchengitter heben und abkühlen lassen. Puderzucker und Zitronensaft für die Glasur miteinander verrühren, in einen Spritzbeutel füllen und die abgekühlten Plätzchen damit verzieren.

MANDELKEKSE

ZUBEREITUNGSZEIT:

20 Minuten
(ohne Ruhezeit für den Teig)

- 200 g Mehl
- 75 g Zucker
- 1 Prise Salz
- 1 Ei
- 1 Eiweiß
- Mark einer 1/2 Vanillestange
- 100 g gemahlene Mandeln
- 100 g Butter
- 1 Eigelb
- 50 g Mandelblättchen

- Das Mehl auf die Arbeitsfläche sieben, in die Mitte eine Mulde drücken und Zucker, Salz, Ei, Eiweiß, Vanillemark und Mandeln hineingeben und die in Flöckchen geschnittene Butter auf den Mehlrand setzen. Das Ganze mit den Händen rasch zu einem glatten Teig verkneten.
- Den Teig in Folie gewickelt 1 Stunde im Kühlschrank ruhen lassen.
- Den Teig auf der bemehlten Arbeitsfläche ausrollen, Plätzchen ausstechen und auf ein mit Backpapier ausgelegtes Backblech legen. Das Eigelb mit einem 1 EL Wasser verquirlen. Mit dem Eigelb bestreichen und den Mandelblättchen bestreuen.
- Im vorgeheizten Backofen bei 160 °C ca. 10 bis 12 Minuten backen.

BESCHWIPSTE PLÄTZCHEN

ZUBEREITUNGSZEIT:

20 Minuten
(ohne Ruhezeit für den Teig)

- 500 g Mehl
- 1/2 TL Backpulver
- 250 g Zucker
- 1 Ei
- 2 EL Kakao
- 2 TL Zimt
- 280 g Butter
- 8 EL Rotwein
- 150 g Puderzucker

• Das Mehl auf die Arbeitsfläche sieben, Backpulver, Zucker, Ei, Kakao, Zimt, Butter und 6 EL Rotwein dazugeben und rasch mit den Händen zu einem glatten Teig verkneten.

• Den Teig zu einer Kugel formen und in Klarsichtfolie für 1 Stunde im Kühlschrank ruhen lassen.

• Den Teig auf der bemehlten Arbeitsfläche dünn ausrollen, Plätzchen ausstechen und auf ein mit Backpapier ausgelegtes Backblech legen.

• Die Plätzchen bei 180 °C ca. 10 Minuten backen.

• Den Puderzucker mit dem übrigen Rotwein glatt rühren. Die Zuckerglasur in einen Spritzbeutel füllen und die abgekühlten Plätzchen damit verzieren.

NUSSRAUTEN

ZUBEREITUNGSZEIT:

40 Minuten
(ohne Ruhezeit für den Teig)

- 100 g Haferflocken
- 100 g Butter
- 1 Ei
- 100 g Rohrzucker
- 1 Pack. Vanillezucker
- 1 Prise Salz
- 1/2 TL Zimtpulver
- 10 g Erdnussbutter
- 40 g Mehl
- 75 g gehackte Erdnüsse
- ca. 3 EL Ahornsirup
- etwas Kristallzucker

• Die Haferflocken in heißer Butter in einer Pfanne ca. 3 Minuten bei mittlerer Hitze anrösten.

• Vom Herd ziehen und abkühlen lassen.

• Das Ei mit Rohrzucker, Vanillezucker, Salz und Zimt schaumig schlagen. Erdnussbutter, Mehl, geröstete Haferflocken und Erdnüsse nacheinander unterrühren.

• Eine Form (18 x 18 cm) einfetten, den Teig einfüllen und glatt streichen. Im vorgeheizten Backofen bei 200 °C ca. 12 Minuten goldbraun backen, danach herausnehmen und abkühlen lassen.

• Dann den Kuchen mit Ahornsirup einstreichen und erst in ca. 3 cm breite Streifen, dann diese in je 5 Rauten schneiden. Nach Belieben mit Kristallzucker bestreuen.

ZIMTKEKSE

ZUBEREITUNGSZEIT:
35 Minuten
(ohne Ruhezeit für den Teig)

- 125 g weiche Butter
- 280 g Zucker
- 2 Eier
- 1 Prise Salz
- 4 TL Zimt
- 1/2 TL gemahlene Nelken
- 80 g gemahlene Mandeln
- 280 g Mehl
- 1 Eigelb
- 2 EL Sahne
- 50 g halbierte, abgezogene Mandeln

- Die Butter mit dem Handmixer auf höchster Stufe schaumig rühren. Zucker und Eier dazugeben, bis eine helle Creme entsteht.
- Salz, Zimt, Nelken, gemahlene Mandeln und Mehl dazugeben und das Ganze zu einem geschmeidigen Teig verarbeiten.
- Den Teig in Folie wickeln und 30 Minuten im Kühlschrank ruhen lassen.
- Anschließend den Teig aus der Folie wickeln und auf einer bemehlten Arbeitsfläche dünn (etwa 3 mm) ausrollen. Mit einem Messer Rechtecke von etwa 3 x 6 cm aus dem Teig schneiden und auf ein gebuttertes oder mit Backpapier ausgelegtes Backblech legen. Dabei darauf achten, dass ausreichend Abstand zwischen den Plätzchen bleibt.
- Das Eigelb mit der Sahne verquirlen und die Zimtkekse damit bestreichen. Mit den halbierten Mandeln belegen.
- Bei 180 °C ca. 15 Minuten backen.

HAFERFLOCKENPLÄTZCHEN

ZUBEREITUNGSZEIT:

30 Minuten
(ohne Ruhezeit für den Teig)

- 225 g kernige Haferflocken
- 80 g Butter
- 125 g Zucker
- 2 Eier
- 1 Prise Salz
- 65 g Mehl
- 1/2 Pack. Backpulver
- 30 g Schokoladenstreusel

• Die Haferflocken mit 30 g Butter und mit 30 g Zucker in einer Pfanne leicht rösten und abkühlen lassen.

• Die restliche Butter mit dem übrigen Zucker, Eiern und Salz schaumig schlagen. Das Mehl mit dem Backpulver vermischen und die gerösteten Haferflocken unterarbeiten.

• In größeren Abständen kleine Häufchen auf ein mit Backpapier belegtes Backblech legen und bei 150 °C ca. 15 Minuten backen.

• Die Schokoladenstreusel auf einen flachen Teller geben. Die Haferflockenplätzchen noch heiß in die Schokostreusel drücken und danach abkühlen lassen.

VANILLEKIPFERL

ZUBEREITUNGSZEIT:
30 Minuten
(ohne Ruhezeit für den Teig)

- 150 g Butter
- 75 g Zucker
- 200 g Mehl
- 1 Prise Salz
- 80 g gemahlene Mandeln
- 2 Pack. Bourbon-Vanillezucker
- 50 g Puderzucker

- Die Butter stückchenweise mit Zucker, Mehl, Salz und Mandeln rasch zu einem geschmeidigen Teig verarbeiten.
- Den Teig in Folie gewickelt über Nacht im Kühlschrank ruhen lassen.
- Den Backofen auf 190 °C vorheizen und das Backblech mit Backpapier auslegen. Den Teig portionieren, zu dünnen Rollen formen und in 6 cm lange Stücke schneiden.
- Die Teigstücke rasch zu Kipferln formen, auf das Backblech legen und ca. 12 Minuten backen.
- Vanillezucker und Puderzucker miteinander vermischen. Die Kipferl noch heiß in dem Zuckergemisch wälzen.

KOKOSMAKRONEN

ZUBEREITUNGSZEIT:
40 Minuten
(ohne Ruhezeit für den Teig)

- Butterschmalz für das Backblech
- 1 Eiweiß
- 1 Prise Salz
- 50 g Zucker
- Saft von 1/2 Zitrone
- 2 TL abger. Zitronenschale
- 100 g Marzipan-Rohmasse
- 100 g Kokosflocken
- 100 g dunkle Kuvertüre

- Den Backofen auf 160 °C vorheizen.
- Ein Backblech mit Butterschmalz einfetten.
- Das Eiweiß steif schlagen. Nach und nach Salz, Zucker, Zitronensaft und -schale zugeben und weiterrühren, bis der Schnee sehr steif ist.
- Die Marzipan-Rohmasse fein zerkleinern, mit den Kokosflocken mischen und beides locker unter den Eischnee rühren. Mit zwei feuchten Teelöffeln kleine Häufchen abstechen und mit etwas Abstand voneinander auf das Blech legen.
- Auf mittlerer Schiene ca. 25 Minuten backen. Herausnehmen und abkühlen lassen.
- Zum Verzieren die Kuvertüre zerkleinern und im Wasserbad schmelzen. Die Makronen zur Hälfte darin eintauchen, abtropfen und trocknen lassen.

RUMPLÄTZCHEN

ZUBEREITUNGSZEIT:
25 Minuten
(ohne Ruhezeit für den Teig)

- 60 g Butter
- 50 g Puderzucker
- 30 g Mehl
- 60 g Speisestärke
- 2 EL Rum

- Die Butter mit dem Puderzucker schaumig rühren und mit Mehl, Speisestärke und Rum mit den Händen zu einem glatten Teig verkneten.
- Den Teig in Folie wickeln und für 1 Stunde im Kühlschrank ruhen lassen.
- Aus dem Teig kleine Kugeln formen und mit Abstand auf ein mit Backpapier ausgelegtes Blech legen.
- Die Kugeln mit einer Gabel flach drücken und im vorgeheizten Backofen bei 175 °C ca. 15 Minuten backen.

FLORENTINER

ZUBEREITUNGSZEIT:

55 Minuten
(ohne Ruhezeit für den Teig)

- 100 g Mandeln
- 150 g Orangeat
- 50 g Zitronat
- 5 Belegkirschen
- 60 g Butter
- 400 g Sahne
- 140 g Zucker
- 30 g Mehl
- halbierte Belegkirschen
- 100 g Schokoladenglasur

- Die Mandeln grob zerhacken.
- Orangeat, Zitronat und Belegkirschen fein hacken.
- Die Butter mit der Sahne in einem Topf aufkochen lassen. Die Mandeln und die Früchte sowie Zucker und Mehl dazugeben und aufkochen. Die Masse soll leicht zäh sein.
- Ein Backblech mit Backpapier auslegen.
- Aus der Masse mit zwei Teelöffeln nicht zu dicht nebeneinander kleine Häufchen auf das Backblech setzen.
- Jeweils eine halbierte Belegkirsche auf ein Teighäufchen setzen und bei 180 °C ca. 25 Minuten backen.
- Die Florentiner erkalten lassen.
- Zwischenzeitlich die Schokoladenglasur im Wasserbad schmelzen, die Unterseite der Florentiner damit bestreichen und auf einem Kuchengitter trocknen lassen.

BETHMÄNNCHEN

ZUBEREITUNGSZEIT:
25 Minuten
(ohne Ruhezeit für den Teig)

- 50 g Puderzucker
- 1 EL Speisestärke
- 400 g Marzipan-Rohmasse
- 1 Eiweiß
- 1 Eigelb
- Mandelhälften

• Den Puderzucker mit der Speisestärke in eine Schüssel sieben. Das Marzipan klein schneiden und mit dem Eiweiß dazugeben. Alles mit den Händen zu einem Teig verkneten und abgedeckt 1 Stunde im Kühlschrank ruhen lassen.

• Aus dem Teig Kugeln mit einem Durchmesser von etwa 1,5 cm formen und auf ein mit Backpapier ausgelegtes Backblech setzen. Das Eigelb mit 1 bis 2 EL Wasser verquirlen und die Kugeln damit bestreichen.

• Jeweils 3 halbe Mandeln in 1 Kugel drücken. Die Bethmännchen an einem kühlen Ort etwa 8 Stunden (oder über Nacht) trocknen lassen.

• Den Backofen auf 150 °C vorheizen und die Bethmännchen darin ca. 20 Minuten goldgelb backen.

SPRITZGEBÄCK

ZUBEREITUNGSZEIT:
15 Minuten
(ohne Ruhezeit für den Teig)

- 220 g weiche Butter
- 90 g Puderzucker
- 1 Prise Salz
- 1 TL abger. Zitronenschale
- Mark von 1 Vanilleschote
- 1 Ei
- 300 g Mehl
- 100 g dunkle Kuvertüre
- 140 g Mehl

• Alle Zutaten bis auf die Kuvertüre zu einem glatten Rührteig verarbeiten und mittels eines Spritzbeutels mit Sterntülle auf ein mit Backpapier ausgelegtes Backblech Kreise aufspritzen.

• Im vorgeheizten Backofen bei 180 °C ca. 12 Minuten hellgelb backen.

• Die Kuvertüre im Wasserbad schmelzen und die abgekühlten Spritzgebäckringe zu 1/3 in die Kuvertüre eintauchen. Auf einem Kuchengitter fest werden lassen.

MÜRBEBREZELN

ZUBEREITUNGSZEIT:

45 Minuten
(ohne Ruhezeit für den Teig)

- 140 g Mehl
- 70 g Zucker
- 140 g kalte Butter
- 70 g gemahlene Mandeln
- 1 Prise Salz
- 1 Pack. Vanillezucker
- 3 hart gekochte Eigelb
- Puderzucker

• Das Mehl in eine Rührschüssel sieben und den Zucker, die klein geschnittene Butter, Mandeln, Salz, Vanillezucker und Eigelb dazugeben.

• Das Ganze mit den Knethaken des Handmixers zu einem geschmeidigen Teig verarbeiten. Den Teig in Folie wickeln und 30 Minuten im Kühlschrank ruhen lassen.

• Den Teig aus der Folie nehmen und portionsweise auf einer leicht bemehlten Arbeitsfläche zu bleistiftstarken Rollen drehen. Dann zu Brezeln formen und auf ein gebuttertes oder mit Backpapier ausgelegtes Backblech legen.

• Im vorgeheizten Backofen bei 200 °C ca. 12 bis 15 Minuten backen.

• Die Brezeln noch lauwarm dick mit Puderzucker bestäuben.

SCHOKOLADENMAKRONEN

ZUBEREITUNGSZEIT:

45 Minuten
(ohne Ruhezeit für den Teig)

- 3 Eiweiß
- 1 Prise Salz
- 150 g Zucker
- 50 g Mehl
- 150 g gemahlene Haselnüsse
- 100 g fein geriebene Zartbitter-Kuvertüre
- 75 g sehr weiche Butter
- 150 g Zartbitter-Kuvertüre
- 150 g Puderzucker
- etwas grüne Lebensmittelfarbe

• Das Eiweiß mit dem Salz steif schlagen, Zucker einrieseln lassen und weiterschlagen. Das Mehl nach und nach dazugeben, dann die Haselnüsse, die geriebene Kuvertüre und zum Schluss die Butter unterrühren.

• Den Teig in einen Spritzbeutel mit großer, glatter Tülle füllen und auf ein mit Backpapier ausgelegtes Backblech in Abständen kleine Tupfen (ca. 2,5 cm Durchmesser) aufspritzen, da der Teig noch verläuft.

• Im vorgeheizten Backofen bei 180 °C ca. 12 Minuten backen, herausnehmen und abkühlen lassen.

• Kuvertüre zerkleinern und im Wasserbad schmelzen lassen. Dann die Unterseite der Makronen damit einstreichen und mit einer zweiten Makrone zusammensetzen.

• Für die Glasur Puderzucker mit 2 bis 3 EL Wasser glatt rühren. Einen kleinen Teil des Zuckergusses mit grüner Lebensmittelfarbe einfärben und in einen Spritzbeutel mit kleiner Tülle geben. Die Makronen mit dem weißen Zuckerguss bestreichen und trocknen lassen. Den grünen Zuckerguss streifenförmig auf die Makronen spritzen.

SCHWARZ-WEISS-GEBÄCK

ZUBEREITUNGSZEIT:
35 Minuten
(ohne Ruhezeit für den Teig)

- 250 g Mehl
- 1 TL Backpulver
- 80 g Zucker
- 1 Prise Salz
- 1 Ei
- 125 g Butter
- 2 EL Kakao

• Das Mehl in eine Rührschüssel sieben. Backpulver, Zucker, Salz, Ei und Butter dazugeben und mit den Händen rasch zu einem Mürbeteig verarbeiten.

• Den Teig in zwei Hälften trennen und unter die eine Hälfte den Kakao mischen. Die Teighälften jeweils in Folie wickeln und 30 Minuten im Kühlschrank ruhen lassen.

• Anschließend aus dem Teig jeweils 15 cm lange und bleistiftstarke Rollen formen. Eine schwarze Rolle neben eine weiße Rolle legen und leicht aneinanderdrücken.

• Zwei weitere Rollen in umgekehrter Reihenfolge (schwarz auf weiß und weiß auf schwarz) auf die ersten Rollen setzen und aneinanderdrücken. Von dieser Rolle gleichmäßig dünne Scheiben schneiden und auf ein mit Backpapier ausgelegtes Backblech legen. Im vorgeheizten Backofen bei 200 °C ca. 15 Minuten backen.

NUSSTALER

ZUBEREITUNGSZEIT:
45 Minuten
(ohne Ruhezeit für den Teig)

- 250 g Mehl
- 1 TL Backpulver
- 80 g Zucker
- 1 Prise Salz
- 1 Ei
- 125 g Butter
- 2 EL Kakao

• Das Mehl in eine Rührschüssel sieben. Backpulver, Zucker, Salz, Ei und Butter dazugeben und mit den Händen rasch zu einem Mürbeteig verarbeiten.

• Den Teig in zwei Hälften trennen und unter die eine Hälfte den Kakao mischen. Die Teighälften jeweils in Folie wickeln und 30 Minuten im Kühlschrank ruhen lassen.

• Anschließend aus dem Teig jeweils 15 cm lange und bleistiftstarke Rollen formen. Eine schwarze Rolle neben eine weiße Rolle legen und leicht aneinanderdrücken.

• Zwei weitere Rollen in umgekehrter Reihenfolge (schwarz auf weiß und weiß auf schwarz) auf die ersten Rollen setzen und aneinanderdrücken. Von dieser Rolle gleichmäßig dünne Scheiben schneiden und auf ein mit Backpapier ausgelegtes Backblech legen. Im vorgeheizten Backofen bei 200 °C ca. 15 Minuten backen.

GLÜHWEINSCHNITTEN

ZUBEREITUNGSZEIT:
45 Minuten
(ohne Ruhezeit für den Teig)

- 250 g weiche Butter
- 125 g Zucker
- 1 Pack. Vanillezucker
- 4 Eier
- 250 g Mehl
- 2 TL Backpulver
- 150 g Schokoladenraspel
- 1/8 l Glühwein
- 150 g Puderzucker
- 2–3 EL Glühwein

- Die weiche Butter mit Zucker, Vanillezucker und Eiern schaumig rühren. Das Mehl mit dem Backpulver dazusieben, Schokolade und Glühwein zugeben und alles gründlich verrühren.

- Den Teig auf ein mit Backpapier ausgelegtes Backblech streichen und ca. 20 Minuten bei 160 °C backen. Nach dem Backen den Kuchen vollständig auskühlen lassen.

- Den Puderzucker sieben und mit dem Glühwein glatt rühren. Den Kuchen mit dem Guss bestreichen. Wenn der Guss fest geworden ist, die Glühweinschnitten in etwa 4 x 4 cm große Stücke schneiden.

COOKIES

ZUBEREITUNGSZEIT:
40 Minuten
(ohne Ruhezeit für den Teig)

- 3 Eiweiß
- 250 g Puderzucker
- 250 g gemahlene Mandeln
- 75 g geraspelte Zartbitterschokolade
- 2 TL Zimt

- Das Eiweiß mit dem Handmixer in einer Schüssel steif geschlagen. Dann Puderzucker, Mandeln, Schokolade und Zimt unter den Eischnee geben. Jetzt mit einem Teelöffel kleine Häufchen von etwa 2 cm Durchmesser aus der Masse herausnehmen und mit Abstand auf ein mit Backpapier ausgelegtes Backblech setzen.
- Im vorgeheizten Backofen bei 175 °C ca. 15 Minuten backen.

PFEFFERNÜSSE

ZUBEREITUNGSZEIT:

40 Minuten
(ohne Ruhezeit für den Teig)

- 3 Eier
- 300 g Zucker
- 2 TL Backpulver
- je 1 Msp. weißer Pfeffer, Nelken, Muskatnuss, Ingwer
- 1 TL Zimt
- 500 g Mehl
- 6 EL Milch
- 75 g Zitronat
- 60 g geriebene Mandeln
- 200 g Puderzucker

• Die Eier mit dem Zucker schaumig rühren und nach und nach das mit Backpulver und den Gewürzen vermischte Mehl mit der Milch hinzugeben und mit den Händen zu einem Teig kneten. Zitronat und Mandeln unter den Teig kneten.

• Den Teig in Folie wickeln und 1 Stunde im Kühlschrank ruhen lassen.

• Den Teig auf der bemehlten Arbeitsfläche etwa 1 cm dick ausrollen, runde Plätzchen (etwa 3 cm Durchmesser) ausstechen und auf ein mit Backpapier ausgelegtes Backblech setzten.

• Die Pfeffernüsse über Nacht trocknen lassen. Dann bei 170 °C ca. 15 Minuten backen.

• Aus dem Puderzucker und 2 EL heißem Wasser eine Glasur anrühren und die erkalteten Pfeffernüsse damit bestreichen.

HONIGKUCHEN

ZUBEREITUNGSZEIT:

50 Minuten
(ohne Ruhezeit für den Teig)

- 250 g Honig
- 125 ml Öl
- 125 g brauner Zucker
- 50 g Zitronat
- 50 g Orangeat
- 100 g geriebene Mandeln
- 1 Prise Salz,
- 1/2 TL Zimt
- 1 Msp. Nelkenpulver
- 350 g Mehl
- 1/2 Pack. Backpulver
- 2 Eier
- 3 EL Dosenmilch
- Mandeln
- Belegkirschen

• Den Honig zusammen mit Öl und Zucker unter ständigem Rühren in einem Topf erhitzen und kurz aufkochen lassen. Die Früchte, Mandeln und Gewürze dazugeben und verrühren. Das Ganze abkühlen lassen.

• Das Mehl zusammen mit dem Backpulver sieben und mit der Honigmasse und den Eiern verrühren. Ein tiefes Blech mit Backpapier auslegen und die Honigmasse darin ausstreichen.

• Den Teig mit der Dosenmilch bestreichen und mit einem Messer die Stücke markieren. Mit Mandeln und halbierten Belegkirschen verzieren.

• Im vorgeheizten Backofen bei 180 °C ca. 35 bis 40 Minuten backen. Den Kuchen abkühlen lassen und erst dann in Stücke schneiden.

BROWNIES

ZUBEREITUNGSZEIT:

50 Minuten
(ohne Ruhezeit für den Teig)

- 250 g weiche Butter
- 200 g Zucker
- 1 EL Vanillezucker
- 4 Eier
- 150 g Mehl
- 1/2 TL Backpulver
- 1 Prise Salz
- 100 g Zartbitterschokolade
- 150 g Walnusskerne
- 200 g dunkle Kuvertüre
- 200 g Walnusskernhälften

• Die weiche Butter mit Zucker, Vanillezucker und Eiern in einer Rührschüssel cremig schlagen. Das gesiebte Mehl mit Backpulver und Salz dazugeben und verrühren.

• Die Schokolade im Mixer fein zerkleinern und die Walnusskerne grob hacken. Beides unter den Teig rühren.

• Ein Backblech mit Backpapier auslegen und den Teig darauf ausstreichen.

• Im Backofen bei 200 °C ca. 20 bis 30 Minuten backen. Aus dem Backofen nehmen und abkühlen lassen.

• Zwischenzeitlich die Kuvertüre im Wasserbad schmelzen und die »Brownieplatte« damit bestreichen. Mit den Walnusskernhälften belegen. Abschließend mit einem scharfen Messer Rechtecke herausschneiden und vom Backblech lösen.

NOUGATTALER

ZUBEREITUNGSZEIT:
45 Minuten
(ohne Ruhezeit für den Teig)

- 200 g Mehl
- 1 Ei
- 2 Eiweiß
- 75 g Puderzucker
- 1 Pack. Vanillezucker
- 1 Prise Salz
- 100 g kalte Butter
- 100 g Nougatmasse
- 125 g Einmachzucker

• Das Mehl auf die Arbeitsfläche sieben. In die Mitte eine Mulde drücken und das Ei, 1 Eiweiß, Puderzucker, Vanillezucker und Salz hineingeben. Die klein geschnittene Butter auf dem Mehlrand verteilen. Mit den Händen zu einem glatten Teig kneten und in Folie gewickelt 1 Stunde im Kühlschrank ruhen lassen.

• Die Nougatmasse in 1/2 cm dicke Streifen schneiden und ebenfalls kühl stellen.

• Den Teig in 2 etwa 25 cm lange Rollen formen. Die Nougatmasse zu dünnen Streifen schneiden. Die Teigrollen flach drücken und die Nougatstreifen darauf verteilen. Den Teig über den Nougatstreifen zusammenschlagen und wieder zu Rollen formen. Erneut in Folie gewickelt 4 Stunden in den Kühlschrank stellen.

• Die Teigrollen aus der Folie nehmen und mit dem zweiten verquirlten Eiweiß bestreichen. Den Einmachzucker auf die Arbeitsfläche streuen und die Teigrollen darin wälzen. Mit einem Messer etwa 8 mm dicke Scheiben abschneiden und auf ein mit Backpapier ausgelegtes Backblech legen.

• Im Backofen bei 170 °C ca. 10 bis 12 Minuten backen.

HASELNUSSBROT

ZUBEREITUNGSZEIT:
60 Minuten
(ohne Ruhezeit für den Teig)

- 300 g Mehl
- 100 g Puderzucker
- 1 Pack. Vanillezucker
- 1 Prise Salz
- 200 g kalte Butter
- 1 Ei
- 100 g gehackte Haselnüsse
- 100 g Zartbitter-Kuvertüre

• Das Mehl mit Puderzucker, Vanillezucker und Salz auf die Arbeitsfläche häufen. Die klein geschnittene Butter darauf verteilen. In die Mitte eine Mulde drücken und das Ei hineingeben. Mit den Händen rasch zu einem geschmeidigen Teig verkneten. Dann die Haselnüsse in den Teig kneten.

• Den Teig zu einer etwa 40 cm langen Rollen formen und in Folie gewickelt etwa 1 Stunde im Kühlschrank ruhen lassen.

• Das Backblech mit Backpapier auslegen und den Backofen auf 180 °C vorheizen.

• Die Teigrolle aus der Folie wickeln, in etwa 8 mm dicke Scheiben schneiden und auf das Backblech legen. Im Backofen ca. 12 bis 15 Minuten backen und anschließend abkühlen lassen.

• Zwischenzeitlich die Kuvertüre im Wasserbad schmelzen und die Haselnussbrote bis zur Mitte in die Schokolade tauchen. Auf Backpapier legen und trocknen lassen.

Text: Gisela Muhr für agilmedien, Köln
Fotografien: © Ullmann Medien GmbH/TLC Fotostudio GmbH
Layout und Satz: Satz- und Verlagsservice Ullrich Bogun
Covergestaltung: Roman Bold & Black, Köln

Gesamtherstellung: Ullmann Medien GmbH, Potsdam

ISBN: 978-3-7415-2254-3

www.ullmannmedien.com
info@ullmannmedien.com
facebook.com/ullmannmedien
twitter.com/ullmannmedien

FSC
www.fsc.org
MIX
Papier aus verantwortungsvollen Quellen
FSC® C129466

WEITERE LECKERE REZEPTE ZUM GENIESSEN!